DIESTERWEGS
NEUSPRACHLICHE
BIBLIOTHEK

Jean Giono

L'homme qui plantait des arbres

Diesterweg
westermann

Annotationen und Anhang erarbeitet von Nathalie Judic, Karlsruhe und Mechthild Piel, Königswinter

westermann GRUPPE

Druck A[3] / Jahr 2020
Alle Drucke der Serie A sind im Unterricht parallel verwendbar.

Redaktion: Nathalie Judic, Karlsruhe und Mechthild Piel, Königswinter
Umschlagkonzeption: Blum Design & Kommunikation GmbH, Hamburg
Herstellung und Umschlagrealisation: Harald Thumser, Frankfurt am Main
Umschlagfoto: MEV/Digital-Archiv, Augsburg
Satz: KCS GmbH · Verlagsservice & Medienproduktion, Stelle/Hamburg
Druck und Bindung: Westermann Druck Zwickau GmbH

ISBN 978-3-425-**04928**-1

Liste des abréviations

adj	adjectif
adv	adverbe
contr	contraire
fam	familier
fig	sens figuré
litt	littéraire
loc adv	locution adverbiale
loc prép	locution prépositive
p.ex.	par exemple
v.	voir

Bildnachweis:

Seite 3: Topic Media Service, Putzbrunn
Seite 20: Burkhard Kracke, Hannover; Karto-Grafik Heidolph, Dachau
Seite 31: IMSI © 1998
Seite 45: Peter Palm, Berlin
Seite 46: Jean Dieuzaide/akg-images GmH, Berlin

Table des matières

L'homme qui plantait des arbres 7

Au-delà de la lecture 20

Le passé simple 25

Méthode 27

Comment faire le portrait d'un personnage?

Documents supplémentaires 29

Lettre de Giono 29
Des projets écologiques 30
Petite Histoire de la forêt en France 32
Eric Sanvoisin, Les guerriers verts (extraits) 33
Jean de Léry, Histoire d'un voyage fait en la terre du Brésil (extrait) 36
Marcel Pagnol, La gloire de mon père (extrait) 38
Alphonse Daudet, Les deux auberges (extrait) 40
L'arbre en poésie 43

La Haute-Provence 45

Biographie 46

Bibliographie 48

L'homme qui plantait des arbres

Pour que le caractère d'un être humain dévoile des qualités vraiment exceptionnelles, il faut avoir la bonne fortune de pouvoir observer son action pendant de longues années. Si cette action est dépouillée de tout égoïsme, si l'idée qui la dirige est d'une générosité sans exemple, s'il est absolument certain qu'elle n'a cherché de récompense nulle part et qu'au surplus elle ait laissé sur le monde des marques visibles, on est alors, sans risque d'erreurs, devant un caractère inoubliable.

Il y a environ une quarantaine d'années, je faisais une longue course à pied, sur des hauteurs absolument inconnues des touristes, dans cette très vieille région des Alpes qui pénètre en Provence.

Cette région est délimitée au sud-est et au sud par le cours moyen de la Durance, entre Sisteron et Mirabeau; au nord par le cours supérieur de la Drôme, depuis sa source jusqu'à Die; à l'ouest par les plaines du Comtat Venaissin et les contreforts du Mont-Ventoux. Elle comprend toute la partie nord du département des Basses-Alpes, le sud de la Drôme et une petite enclave du Vaucluse.

C'était, au moment où j'entrepris ma longue promenade dans ces déserts, des landes nues et monotones, vers 1200 à 1300 mètres d'altitude. Il n'y poussait que des lavandes sauvages.

Je traversais ce pays dans sa plus grande largeur et, après trois jours de marche, je me trouvais dans une désolation sans exemple. Je campais à côté d'un squelette de village abandonné. Je n'avais plus d'eau depuis la veille et il me fallait en trouver. Ces maisons agglomérées, quoique en ruine, comme un vieux nid de guêpes, me firent penser qu'il avait dû y avoir là, dans le temps, une fontaine ou un puits. Il y

[2] **dévoiler** enthüllen [3] **la fortune** chance [4] **dépouillé de** sans, privé de [6] **la récompense** Belohnung [7] **au surplus** en plus [10] **la hauteur** Höhe [11] **pénétrer** entrer [12] **délimité,e** begrenzt **le cours moyen** mittlerer Verlauf eines Flusses [13] **le cours supérieur** Oberlauf [15] **la plaine** *ici:* Hochebene **les contreforts** (Gebirgs-)ausläufer, Vorgebirge [17] **l'enclave** *f ici:* partie d'un autre département [18] **entreprendre** commencer [19] **la lande** terrain sec avec peu de végétation **l'altitude** *f* Höhe [20] **la lavande** Lavendel [21] **la largeur** Ausdehnung [22] **la désolation** Trostlosigkeit [24] **la veille** le jour d'avant **aggloméré** eng beieinander stehend [25] **le nid** Nest **la guêpe** Wespe [26] **le puits** Brunnen

avait bien une fontaine, mais sèche. Les cinq à six maisons, sans toitures, rongées de vent et de pluie, la petite chapelle au clocher écroulé, étaient rangées comme le sont les maisons et les chapelles dans les villages vivants, mais toute vie avait disparu.

C'était un beau jour de juin avec grand soleil, mais sur ces terres sans abri et hautes dans le ciel, le vent soufflait avec une brutalité insupportable. Ses grondements dans les carcasses des maisons étaient ceux d'un fauve dérangé dans son repas.

Il me fallut lever le camp. À cinq heures de marche de là, je n'avais toujours pas trouvé d'eau et rien ne pouvait me donner l'espoir d'en trouver. C'était partout la même sécheresse, les mêmes herbes ligneuses. Il me sembla apercevoir dans le lointain une petite silhouette noire, debout. Je la pris pour le tronc d'un arbre solitaire. À tout hasard, je me dirigeai vers elle. C'était un berger. Une trentaine de moutons couchés sur la terre brûlante se reposaient près de lui.

Il me fit boire à sa gourde et un peu plus tard il me conduisit à sa bergerie, dans une ondulation du plateau. Il tirait son eau – excellente – d'un trou naturel, très profond, au-dessus duquel il avait installé un treuil rudimentaire.

Cet homme parlait peu. C'est le fait des solitaires, mais on le sentait sûr de lui et confiant dans cette assurance. C'était insolite dans ce pays dépouillé de tout. Il n'habitait pas une cabane mais une vraie maison en pierre où l'on voyait très bien comment son travail personnel avait rapiécé la ruine qu'il avait trouvée là à son arrivée. Son toit était solide et étanche. Le vent qui le frappait faisait sur les tuiles le bruit de la mer sur les plages. Son ménage était en ordre, sa vaisselle lavée, son parquet balayé, son fusil graissé; sa soupe bouillait sur le feu; je remarquai alors

[1] **la toiture** toit [2] **rongé** peu à peu détruit **écroulé** tombé en ruine [6] **l'abri** *m* Schutz **insupportable** unerträglich [7] **le grondement** Grollen, Brausen **la carcasse** squelette [8] **le fauve** Raubtier [9] **lever le camp** partir [11] **ligneux,se** verholzt [13] **le tronc** Stamm **solitaire** seul **à tout hasard** *loc adv* auf gut Glück [14] **le berger** Schäfer [16] **la gourde** Trinkflasche [17] **la bergerie** Schafstall **l'ondulation** *f ici:* Senke [19] **le treuil** Winde [21] **l'assurance** *f* Selbstbewusstsein **insolite** ungewöhnlich [22] **la cabane** Hütte [24] **rapiécer** flicken **solide** fest, stabil [25] **étanche** wasserdicht **la tuile** Ziegel [26] **le ménage** Haushalt [27] **le fusil** Gewehr, Flinte **graisser** schmieren **bouillir** kochen

qu'il était aussi rasé de frais, que tous ses boutons étaient solidement cousus, que ses vêtements étaient reprisés avec le soin minutieux qui rend les reprises invisibles.

Il me fit partager sa soupe et, comme après je lui offrais ma blague à tabac, il me dit qu'il ne fumait pas. Son chien, silencieux comme lui, était bienveillant sans bassesse.

Il avait été entendu tout de suite que je passerais la nuit là; le village le plus proche était encore à plus d'une journée et demie de marche. Et, au surplus, je connaissais parfaitement le caractère des rares villages de cette région. Il y en a quatre ou cinq dispersés loin les uns des autres sur les flancs de ces hauteurs, dans les taillis de chênes blancs à la toute extrémité des routes carrossables.

Ils sont habités par des bûcherons qui font du charbon de bois. Ce sont des endroits où l'on vit mal. Les familles serrées les unes contre les autres dans ce climat qui est d'une rudesse excessive, aussi bien l'été que l'hiver, exaspèrent leur égoïsme en vase clos. L'ambition irraisonnée s'y démesure, dans le désir continu de s'échapper de cet endroit.

Les hommes vont porter leur charbon à la ville avec leurs camions, puis retournent. Les plus solides qualités craquent sous cette perpétuelle douche écossaise. Les femmes mijotent des rancœurs. Il y a concurrence sur tout, aussi bien pour la vente du charbon que pour le banc à l'église, pour les vertus qui se combattent entre elles, pour les vices qui se combattent entre eux et pour la mêlée générale des vices et des vertus, sans repos. Par là-dessus, le vent également sans repos irrite les nerfs. Il y a des épidémies de suicides et de nombreux cas de folies, presque toujours meurtrières.

Le berger, qui ne fumait pas, alla chercher un petit sac et déversa sur

[1] **de frais** depuis peu de temps [2] **repriser** ausbessern **minutieux,se** genau, sorgfältig [3] **les reprises** *v.* repriser [4] **la blague à tabac** Tabaksbeutel [6] **bienveillant** *ici:* zutraulich **la bassesse** Unterwürfigkeit [7] **entendu,e** *adj* décidé [10] **dispersé** verstreut [11] **le flanc** Hang **le taillis** Dickicht **le chêne** Eiche [12] **carrossable** befahrbar [13] **le bûcheron** Holzfäller **le charbon de bois** Holzkohle [14] **serré,e** eng aneinander gedrängt [15] **la rudesse** Härte [16] **exaspérer** verstärken, erhöhen **en vase clos** sans contact avec l'extérieur **irraisonné** unvernünftig [17] **se démesurer** exagérer, devenir immense [19] **craquer** nachgeben, versagen **perpétuel,le** ständig [20] **la douche écossaise** douche alternativement chaude et froide **mijoter** schmoren lassen **la rancœur** Groll [22] **la vertu** Tugend [23] **le vice** Laster **la mêlée** Durcheinander [25] **le suicide** Selbstmord [26] **meurtrier,ère** tödlich [27] **déverser** ausschütten

la table un tas de glands. Il se mit à les examiner un après l'autre avec beaucoup d'attention, séparant les bons des mauvais. Je fumais ma pipe. Je me proposai pour l'aider. Il me dit que c'était son affaire. En effet: voyant le soin qu'il mettait à ce travail, je n'insistai pas. Ce fut toute notre conversation. Quand il eut du côté des bons un tas de glands assez gros, il les compta par paquets de dix. Ce faisant, il éliminait encore les petits fruits ou ceux qui étaient légèrement fendillés, car il les examinait de fort près. Quand il eut ainsi devant lui cent glands parfaits il s'arrêta et nous allâmes nous coucher.

La société de cet homme donnait la paix. Je lui demandai le lendemain la permission de me reposer tout le jour chez lui. Il le trouva tout naturel. Ou plus exactement, il me donna l'impression que rien ne pouvait le déranger. Ce repos ne m'était pas absolument obligatoire, mais j'étais intrigué et je voulais en savoir plus. Il fit sortir son troupeau et il le mena à la pâture. Avant de partir, il trempa dans un seau d'eau le petit sac où il avait mis les glands soigneusement choisis et comptés.

Je remarquai qu'en guise de bâton il emportait une tringle de fer grosse comme le pouce et longue d'environ un mètre cinquante. Je fis celui qui se promène en se reposant et je suivis une route parallèle à la sienne. La pâture de ses bêtes était dans un fond de combe. Il laissa le petit troupeau à la garde du chien et il monta vers l'endroit où je me tenais. J'eus peur qu'il vînt pour me reprocher mon indiscrétion mais pas du tout: c'était sa route et il m'invita à l'accompagner si je n'avais rien de mieux à faire. Il allait à deux cents mètres de là, sur la hauteur.

Arrivé à l'endroit où il désirait aller, il se mit à planter sa tringle de fer dans la terre. Il faisait ainsi un trou dans lequel il mettait un gland, puis il rebouchait le trou. Il plantait des chênes. Je lui demandai si la

1 **le gland** Eichel 6 **éliminer** aussondern 7 **fendillé** beschädigt 10 **la société** compagnie 14 **intrigué** *ici:* curieux **le troupeau** Herde 15 **la pâture** Weide **tremper** eintauchen **le seau** Eimer 16 **soigneusement** sorgfältig 17 **en guise de** comme **le bâton** Stock **la tringle de fer** Eisenstange 18 **le pouce** Daumen 20 **le fond de combe** Ende einer Schlucht 22 **reprocher** vorwerfen 27 **reboucher** wieder zumachen

terre lui appartenait. Il me répondit que non. Savait-il à qui elle était? Il ne savait pas. Il supposait que c'était une terre communale, ou peut-être, était-elle la propriété de gens qui ne s'en souciaient pas? Lui ne se souciait pas de connaître les propriétaires. Il planta ainsi cent glands avec un soin extrême.

Après le repas de midi, il recommença à trier sa semence. Je mis, je crois, assez d'insistance dans mes questions puisqu'il y répondit. Depuis trois ans il plantait des arbres dans cette solitude. Il en avait planté cent mille. Sur les cent mille, vingt mille était sortis. Sur ces vingt mille, il comptait encore en perdre la moitié, du fait des rongeurs ou de tout ce qu'il y a d'impossible à prévoir dans les desseins de la Providence. Restaient dix mille chênes qui allaient pousser dans cet endroit où il n'y avait rien auparavant.

C'est à ce moment là que je me souciai de l'âge de cet homme. Il avait visiblement plus de cinquante ans. Cinquante-cinq, me dit-il. Il s'appelait Elzéard Bouffier. Il avait possédé une ferme dans les plaines. Il y avait réalisé sa vie.

Il avait perdu son fils unique, puis sa femme. Il s'était retiré dans la solitude où il prenait plaisir à vivre lentement, avec ses brebis et son chien. Il avait jugé que ce pays mourait par manque d'arbres. Il ajouta que, n'ayant pas d'occupations très importantes, il avait résolu de remédier à cet état de choses.

Menant moi-même à ce moment-là, malgré mon jeune âge, une vie solitaire, je savais toucher avec délicatesse aux âmes des solitaires. Cependant, je commis une faute. Mon jeune âge, précisément, me forçait à imaginer l'avenir en fonction de moi-même et d'une certaine recherche du bonheur. Je lui dis que, dans trente ans, ces dix mille

2 **communale** Gemeinde- 3 **la propriété** Eigentum **se soucier de** sich kümmern um 5 **le soin** Sorgfalt 6 **trier** aussortieren **la semence** Saatgut 7 **l'insistance** *f* Beharrlichkeit, Nachdruck 8 **la solitude** *litt vieilli* lieu solitaire 10 **le rongeur** Nagetier 11 **prévoir** voraussehen **le dessein** volonté, projet **la Providence** Vorsehung 13 **auparavant** avant 16 **posséder** besitzen 17 **la plaine** Ebene, Flachland 19 **la brebis** weibliches Schaf 20 **juger** *ici* trouver 21 **résolu** *du verbe résoudre, ici:* décider **remédier** Abhilfe schaffen, beheben 24 **l'âme** *f* Seele 25 **commettre une faute** einen Fehler begehen 26 **forcer** zwingen **en fonction de** in Bezug auf

chênes seraient magnifiques. Il me répondit très simplement que, si Dieu lui prêtait vie, dans trente ans il en aurait planté tellement d'autres que ces dix mille seraient comme une goutte d'eau dans la mer.

Il étudiait déjà, d'ailleurs, la reproduction des hêtres et il avait près de sa maison une pépinière issue des faînes. Les sujets, qu'il avait protégés de ses moutons par une barrière en grillage, étaient de toute beauté. Il pensait également à des bouleaux pour les fonds où, me dit-il, une certaine humidité dormait à quelques mètres de la surface du sol.

Nous nous séparâmes le lendemain.

L'année d'après, il y eut la guerre de 14 dans laquelle je fus engagé pendant cinq ans. Un soldat d'infanterie ne pouvait guère y réfléchir à des arbres. À dire vrai, la chose même n'avait pas marqué en moi; je l'avais considérée comme un dada, une collection de timbres, et oubliée.

Sorti de la guerre, je me trouvais à la tête d'une prime de démobilisation minuscule mais avec le grand désir de respirer un peu d'air pur. C'est sans idée préconçue – sauf celle-là – que je repris le chemin de ces contrées désertes.

Le pays n'avait pas changé. Toutefois, au-delà du village mort, j'aperçus dans le lointain une sorte de brouillard gris qui recouvrait les hauteurs comme un tapis. Depuis la veille, je m'étais remis à penser à ce berger planteur d'arbres. «Dix mille chênes, me disais-je, occupent vraiment un très large espace».

J'avais vu mourir trop de monde pendant cinq ans pour ne pas imaginer facilement la mort d'Elzéard Bouffier, d'autant que, lorsqu'on en a vingt, on considère les hommes de cinquante comme des vieillards

[2] **prêter vie** permettre de continuer à vivre [4] **le hêtre** Buche [5] **la pépinière** terrain où l'on fait pousser des arbres **issu de** venir de **la faîne** Buchecker **le sujet** *ici:* arbre [6] **la barrière en grillage** Drahtzaun [7] **le bouleau** Birke **le fond** *ici:* Niederung, tiefere Lage [8] **l'humidité** *f* Feuchtigkeit **la surface du sol** Bodenoberfläche [12] **marquer** bleibenden Eindruck hinterlassen [13] **le dada** *fam* Hobby **la collection de timbres** Briefmarkensammlung [15] **être à la tête de** *ici:* posséder, avoir **la prime de démobilisation** Abfindung [16] **minuscule** très petit [17] **préconçu** vorgefasst [18] **la contrée déserte** unbewohnte Gegend [20] **apercevoir** découvrir, remarquer [26] **le vieillard** homme d'un grand âge, vieux

à qui il ne reste plus qu'à mourir. Il n'était pas mort. Il était même fort vert. Il avait changé de métier. Il ne possédait plus que quatre brebis mais, par contre, une centaine de ruches. Il s'était débarrassé des moutons qui mettaient en péril ses plantations d'arbres. Car, me dit-il (et je le constatais) il ne s'était pas du tout soucié de la guerre. Il avait imperturbablement continué à planter.

Les chênes de 1910 avaient alors dix ans et étaient plus hauts que moi et que lui. Le spectacle était impressionnant. J'étais littéralement privé de parole et, comme lui ne parlait pas, nous passâmes tout le jour en silence à nous promener dans sa forêt. Elle avait, en trois tronçons, onze kilomètres de long et trois kilomètres dans sa plus grande largeur. Quand on se souvenait que tout était sorti des mains et de l'âme de cet homme – sans moyens techniques – on comprenait que les hommes pourraient être aussi efficaces que Dieu dans d'autres domaines que la destruction.

Il avait suivi son idée, et les hêtres qui m'arrivaient aux épaules, répandus à perte de vue, en témoignaient. Les chênes étaient drus et avaient dépassé l'âge où ils étaient à la merci des rongeurs; quant aux desseins de la Providence elle-même, pour détruire l'œuvre créée, il lui faudrait avoir désormais recours aux cyclones. Il me montra d'admirables bosquets de bouleaux qui dataient de cinq ans, c'est-à-dire de 1915, de l'époque où je combattais à Verdun. Il leur avait fait occuper tous les fonds où il soupçonnait, avec juste raison, qu'il y avait de l'humidité presque à fleur de terre. Ils étaient tendres comme des adolescents et très décidés.

[1] **fort vert** *ici:* sehr rüstig [3] **la ruche** Bienenstock, -volk **débarrasser** loswerden [4] **le péril** danger [6] **imperturbablement** unerschütterlich [8] **littéralement** véritablement **être privé de** manquer de [10] **le tronçon** partie [17] **répandu** verstreut **à perte de vue** so weit das Auge reicht **témoigner** bezeugen **dru** dicht [18] **dépasser** überschreiten **être à la merci de qn/qc** jdm/einer Sache ausgeliefert sein [20] **avoir recours à** utiliser [21] **le bosquet** Baumgruppe [22] **Verdun** ville située dans la région de Lorraine où a eu lieu l'une des plus grandes batailles de la Première Guerre mondiale [23] **soupçonner** *ici:* penser [24] **à fleur de terre** unter der Erdoberfläche **tendre** zart

La création avait l'air, d'ailleurs, de s'opérer en chaînes. Il ne s'en souciait pas; il poursuivait obstinément sa tâche, très simple. Mais en redescendant par le village, je vis couler de l'eau dans des ruisseaux qui, de mémoire d'homme, avaient toujours été à sec. C'était la plus formidable opération de réaction qu'il m'ait été donné de voir. Ces ruisseaux secs avaient jadis porté de l'eau, dans des temps très anciens.

Certains de ces villages tristes dont j'ai parlé au début de mon récit s'étaient construits sur les emplacements d'anciens villages gallo-romains dont il restait encore des traces, dans lesquelles les archéologues avaient fouillé et ils avaient trouvé des hameçons à des endroits où au vingtième siècle on était obligé d'avoir recours à des citernes pour avoir un peu d'eau.

Le vent aussi dispersait certaines graines. En même temps que l'eau réapparut réapparaissaient les saules, les osiers, les prés, les jardins, les fleurs et une certaine raison de vivre.

Mais la transformation s'opérait si lentement qu'elle entrait dans l'habitude sans provoquer d'étonnement. Les chasseurs qui montaient dans les solitudes à la poursuite des lièvres ou des sangliers avaient bien constaté le foisonnement des petits arbres mais ils l'avaient mis sur le compte des malices naturelles de la terre. C'est pourquoi personne ne touchait à l'œuvre de cet homme. Si on l'avait soupçonné, on l'aurait contrarié. Il était insoupçonnable. Qui aurait pu imaginer, dans les villages et dans les administrations, une telle obstination dans la générosité la plus magnifique?

À partir de 1920, je ne suis jamais resté plus d'un an sans rendre visite à Elzéard Bouffier. Je ne l'ai jamais vu fléchir ni douter. Et pourtant,

[1] **s'opérer en chaînes** wie am Fließband ablaufen [2] **obstinément** hartnäckig **la tâche** travail [3] **le ruisseau** Bach [6] **jadis** autrefois [8] **l'emplacement** *m* Stelle [9] **la trace** Spur [10] **fouiller** ausgraben **l'hameçon** *m* Angelhaken [11] **la citerne** réservoir d'eau [13] **disperser** verstreuen **la graine** Samenkorn [14] **le saule** Weidenbaum **l'osier** *m* petit saule [18] **le lièvre** Hase **le sanglier** Wildschwein [19] **le foisonnement** Fülle, Vermehrung **mettre sur le compte** für etw. verantwortlich machen [20] **la malice** Laune [22] **contrarier** fâcher **insoupçonnable** qui ne peut être soupçonné [23] **l'obstination** *f* Hartnäckigkeit [26] **fléchir** schwach werden **douter** zweifeln

Dieu sait si Dieu même y pousse! Je n'ai pas fait le compte de ses déboires. On imagine bien cependant que, pour une réussite semblable, il a fallu vaincre l'adversité; que, pour assurer la victoire d'une telle passion, il a fallu lutter avec le désespoir. Il avait, pendant un an, planté plus de dix mille érables. Ils moururent tous. L'an d'après, il abandonna les érables pour reprendre les hêtres qui réussirent encore mieux que les chênes.

Pour avoir une idée à peu près exacte de ce caractère exceptionnel, il ne faut pas oublier qu'il s'exerçait dans une solitude totale; si totale que, vers la fin de sa vie, il avait perdu l'habitude de parler. Ou, peut-être, n'en voyait-il pas la nécessité?

En 1933, il reçut la visite d'un garde forestier éberlué. Ce fonctionnaire lui intima l'ordre de ne pas faire de feu dehors, de peur de mettre en danger la croissance de cette forêt *naturelle.*

C'était la première fois, lui dit cet homme naïf, qu'on voyait une forêt pousser toute seule. À cette époque, il allait planter des hêtres à douze kilomètres de sa maison. Pour s'éviter le trajet d'aller-retour – car il avait alors soixante-quinze ans – il envisageait de construire une cabane de pierre sur les lieux mêmes de ses plantations. Ce qu'il fit l'année d'après.

En 1935, une véritable délégation administrative vint examiner la *forêt naturelle.* Il y avait un grand personnage des Eaux et Forêts, un député, des techniciens. On prononça beaucoup de paroles inutiles. On décida de faire quelque chose et, heureusement, on ne fit rien, sinon la seule chose utile: mettre la forêt sous la sauvegarde de l'État et interdire qu'on vienne y charbonner. Car il était impossible de

1 **pousser** *ici:* influencer, faire avancer **le déboire** *litt fig* Enttäuschung 2 **la réussite** Erfolg 3 **vaincre l'adversité** das Schicksal besiegen 4 **lutter** kämpfen 5 **l'érable** *m* Ahorn 11 **la nécessité** Notwendigkeit 12 **le garde forestier** Förster **éberlué** perplex 13 **intimer l'ordre** Befehl geben 14 **la croissance** Wachstum 17 **le trajet** Strecke 18 **envisager** beabsichtigen 22 **les Eaux et Forêts** staatliche Forstverwaltung *(v. p. 32)* 23 **le député** Abgeordneter 25 **la sauvegarde** protection 26 **charbonner** faire du charbon

n'être pas subjugué par la beauté de ces jeunes arbres en pleine santé. Et elle exerça son pouvoir de séduction sur le député lui-même.

J'avais un ami parmi les capitaines forestiers qui était de la délégation. Je lui expliquai le mystère. Un jour de la semaine d'après, nous allâmes tous les deux à la recherche d'Elzéard Bouffier. Nous le trouvâmes en plein travail, à vingt kilomètres de l'endroit où avait eu lieu l'inspection.

Ce capitaine forestier n'était pas mon ami pour rien. Il connaissait la valeur des choses. Il sut rester silencieux. J'offris les quelques œufs que j'avais apportés en présent. Nous partageâmes notre casse-croûte en trois et quelques heures passèrent dans la contemplation muette du paysage.

Le côté d'où nous venions était couvert d'arbres de six à sept mètres de haut. Je me souvenais de l'aspect du pays en 1913: le désert... Le travail paisible et régulier, l'air vif des hauteurs, la frugalité et surtout la sérénité de l'âme avaient donné à ce vieillard une santé presque solennelle. C'était un athlète de Dieu. Je me demandais combien d'hectares il allait encore couvrir d'arbres.

Avant de partir, mon ami fit simplement une brève suggestion à propos de certaines essences auxquelles le terrain d'ici paraissait devoir convenir. Il n'insista pas. «Pour la bonne raison, me dit-il après, que ce bonhomme en sait plus que moi.» Au bout d'une heure de marche – l'idée ayant fait son chemin en lui – il ajouta: «Il en sait beaucoup plus que tout le monde. Il a trouvé un fameux moyen d'être heureux!»

C'est grâce à ce capitaine que, non seulement la forêt, mais le bonheur de cet homme furent protégés. Il fit nommer trois gardes-

[1] **subjugué** charmé [2] **la séduction** fascination [10] **le casse-croûte** Imbiss, Zwischenmahlzeit [11] **la contemplation** Betrachtung **muet,te** stumm [15] **paisible** calme, tranquille, *v. paix* **l'air vif** air frais et pur **la frugalité** Genügsamkeit [16] **la sérénité** Ausgeglichenheit **solennel,le** feierlich, *ici fig:* biblisch [19] **la suggestion** proposition [20] **l'essence** *f ici:* (Baum-)Art [21] **convenir** passen

forestiers pour cette protection et il les terrorisa de telle façon qu'ils restèrent insensibles à tous les pots-de-vin que les bûcherons pouvaient proposer. L'œuvre ne courut un risque grave que pendant la guerre de 1939. Les automobiles marchant alors au gazogène, on n'avait jamais assez de bois. On commença à faire des coupes dans les chênes de 1910, mais ces quartiers sont si loin de tous réseaux routiers que l'entreprise se révéla très mauvaise au point de vue financier. On l'abandonna. Le berger n'avait rien vu. Il était à trente kilomètres de là, continuant paisiblement sa besogne, ignorant la guerre de 39 comme il avait ignoré la guerre de 14.

J'ai vu Elzéard Bouffier pour la dernière fois en juin 1945. Il avait alors quatre-vingt-sept ans. J'avais donc repris la route du désert, mais maintenant, malgré le délabrement dans lequel la guerre avait laissé le pays, il y avait un car qui faisait le service entre la vallée de la Durance et la montagne. Je mis sur le compte de ce moyen de transport relativement rapide le fait que je ne reconnaissais plus les lieux de mes dernières promenades. Il me semblait aussi que l'itinéraire me faisait passer par des endroits nouveaux. J'eus besoin d'un nom de village pour conclure que j'étais bien cependant dans cette région jadis en ruine et désolée. Le car me débarqua à Vergons.

En 1913, ce hameau de dix à douze maisons avait trois habitants. Ils étaient sauvages, se détestaient, vivaient de chasses au piège: à peu près dans l'état physique et moral des hommes de la préhistoire. Les orties dévoraient autour d'eux les maisons abandonnées.

Leur condition était sans espoir. Il ne s'agissait pour eux que d'attendre la mort: situation qui ne prédispose guère aux vertus.

2 **insensible** gleichgültig, unempfänglich **le pot-de-vin** Bestechungs-, Schmiergeld 4 **le gazogène** Holzvergaser 6 **le réseau routier** Straßennetz 9 **la besogne** travail 13 **le délabrement** mauvais état, ruine 14 **le car** Bus 17 **l'itinéraire** *m* chemin, route 20 **désolé** trostlos 21 **le hameau** Weiler 22 **la chasse au piège** Fallenstellen 23 **l'ortie** *f* Brennnessel 24 **dévorer** *ici:* überwuchern 26 **être prédisposé à qc** für etw geschaffen sein

Tout était changé. L'air lui-même. Au lieu des bourrasques sèches et brutales qui m'accueillaient jadis, soufflait une brise souple chargée d'odeurs. Un bruit semblable à celui de l'eau venait des hauteurs: c'était celui du vent dans les forêts. Enfin, chose plus étonnante, j'entendis le vrai bruit de l'eau coulant dans un bassin. Je vis qu'on avait fait une fontaine, qu'elle était abondante et, ce qui me toucha le plus, on avait planté près d'elle un tilleul qui pouvait déjà avoir dans les quatre ans, déjà gras, symbole incontestable d'une résurrection.

Par ailleurs, Vergons portait les traces d'un travail pour l'entreprise duquel l'espoir était nécessaire. L'espoir était donc revenu. On avait déblayé les ruines, abattu les pans de murs délabrés et reconstruit cinq maisons. Le hameau comptait désormais vingt-huit habitants dont quatre jeunes ménages. Les maisons neuves, crépies de frais, étaient entourées de jardins potagers où poussaient, mélangés mais alignés, les légumes et les fleurs, les choux et les rosiers, les poireaux et les gueules-de-loup, les céleris et les anémones. C'était désormais un endroit où l'on avait envie d'habiter.

À partir de là, je fis mon chemin à pied. La guerre dont nous sortions à peine n'avait pas permis l'épanouissement complet de la vie, mais Lazare était hors du tombeau. Sur les flancs abaissés de la montagne, je voyais de petits champs d'orge et de seigle en herbe; au fond des étroites vallées, quelques prairies verdissaient.

Il n'a fallu que les huit ans qui nous séparent de cette époque pour que tout le pays resplendisse de santé et d'aisance. Sur l'emplacement des ruines que j'avais vues en 1913, s'élèvent maintenant des fermes propres, bien crépies, qui dénotent une vie heureuse et confortable. Les vieilles sources, alimentées par les pluies et les neiges que

[1] **la bourrasque** Bö [2] **souple** *ici:* léger, doux [5] **le bassin** Becken [7] **le tilleul** Linde [8] **incontestable** unbestreitbar **résurrection** Auferstehung [11] **déblayer** wegräumen **le pan** partie **délabré** verfallen [13] **crépi** verputzt [14] **le jardin potager** Gemüsegarten **aligné** in einer Reihe [15] **le chou** Kohl(kopf) **le poireau** Porree **la gueule-de-loup** Löwenmäulchen [19] **l'épanouissement** *m* Entfaltung [20] **Lazare** mort depuis trois jours et ramené à la vie par Jésus **le tombeau** Grab **abaissé** tiefer gelegen [21] **l'orge** *m et f* Gerste **le seigle** Roggen [22] **la prairie** Wiese **verdir** devenir vert [24] **resplendir** (er)strahlen **l'aisance** *f* Wohlstand [26] **dénoter** indiquer, montrer [27] **alimenter** versorgen

retiennent les forêts, se sont remises à couler. On en a canalisé les eaux. À côté de chaque ferme, dans des bosquets d'érables, les bassins des fontaines débordent sur des tapis de menthes fraîches. Les villages se sont reconstruits peu à peu. Une population venue des plaines où la terre se vend cher s'est fixée dans le pays, y apportant de la jeunesse, du mouvement, de l'esprit d'aventure. On rencontre dans les chemins des hommes et des femmes bien nourris, des garçons et des filles qui savent rire et ont repris goût aux fêtes campagnardes. Si on compte l'ancienne population, méconnaissable depuis qu'elle vit avec douceur et les nouveaux venus, plus de dix mille personnes doivent leur bonheur à Elzéard Bouffier.

Quand je réfléchis qu'un homme seul, réduit à ses simples ressources physiques et morales, a suffi pour faire surgir du désert ce pays de Canaan, je trouve que, malgré tout, la condition humaine est admirable. Mais, quand je fais le compte de tout ce qu'il a fallu de constance dans la grandeur d'âme et d'acharnement dans la générosité pour obtenir ce résultat, je suis pris d'un immense respect pour ce vieux paysan sans culture qui a su mener à bien cette œuvre digne de Dieu.

Elzéard Bouffier est mort paisiblement en 1947 à l'hospice de Banon.

[3] **la menthe** Minze [9] **méconnaissable** nicht wiederzuerkennen [13] **surgir** auftauchen [14] **Canaan** nom biblique de la terre promise par Dieu aux Hébreux [15] **la constance** Beständigkeit [16] **l'acharnement** *m* Hartnäckigkeit [19] **l'hospice** *m* Seniorenpflegeheim

Au-delà de la lecture

Avant la lecture

1. a) Connaissez-vous le sud de la France, la région de la Provence?
   - Y avez-vous déjà passé des vacances?
   - Quel temps avez-vous eu?
   - Comment était le paysage, la végétation? Comment avez-vous trouvé les habitants?

   b) Faites un remue-méninges autour du sujet «Provence».

2. Regardez la carte à la page 45. Trouvez les noms de lieux et de fleuves et dites ce que c'est.

Durance	village
Sisteron	fleuve
Drôme	montagne
Mirabeau	ville
Die	
Mont-Ventoux	
Banon	
Manosque	

3. Quels arbres connaissez-vous?

   a) Cherchez les noms allemands des arbres suivants.

1. le chêne	5. le saule
2. le bouleau	6. le châtaignier
3. le hêtre	7. l'olivier
4. l'érable	8. le tilleul

   b) Quel fruit va avec quel arbre?

le gland

la châtaigne

la faîne

l'olive

4. Regardez l'image à la page 3.
   a) À quoi pensez-vous quand vous regardez l'arbre?
   b) Que représente pour vous l'idée de planter un arbre?

Pendant la lecture

1. Lisez le premier paragraphe du texte p. 7, l. 2 – l. 8.
   Relevez les mots qui servent à décrire le caractère d'un personnage.

2. Décrivez la situation et les sentiments du narrateur avant de rencontrer le berger (p. 7, l. 9 – p. 8, l. 15).

3. Pourquoi le narrateur s'adresse-t-il au berger?

4. Citez des mots ou expressions qui montrent que tout est sec et la nature désagréable.

5. Comment le narrateur décrit-il le paysage, le village et les habitants de cette région (p. 7, l. 9 – p. 9, l. 26)?

6. Lisez le texte p. 8, l. 16 – p. 12, l. 9 et répondez aux questions.
   1. Que fait le berger après le dîner et pourquoi?
   2. Quelles sortes d'arbres veut-il faire pousser?
   3. D'après vous, pourquoi plante-t-il des arbres?

7. Faites le portrait du berger (p. 8, l. 16 – p. 12, l. 9).

8. Lisez le texte p. 12, l. 10 – p. 14, l. 24.
   a) Que découvre le narrateur après la Première Guerre mondiale? Est-ce qu'il est surpris?
   b) Que fait Elzéard Bouffier désormais?

9. Quel effet la plantation des arbres a-t-elle sur la nature?

10. Lisez le texte p. 14, l. 25 – p. 15, l. 11. Décrivez les problèmes des plantations et la réaction d'Elzéard Bouffier.

11. Lisez le texte p. 15, l. 12 – p. 17, l. 10.
    a) Comment réagit l'administration face au développement de la forêt?
    b) Comment se comporte un des capitaines de la délégation qui est ami avec le narrateur?
    c) Quel problème la forêt d'Elzéard Bouffier rencontre t-elle pendant la Seconde Guerre mondiale?

12. Lisez la fin du texte.
    a) Quels changements découvre le narrateur lorsqu'il revient en 1945?
    b) Que pense le narrateur d'Elzéard Bouffier?
    c) Recherchez des allusions bibliques dans le texte. Travaillez à deux pour les expliquer.

Après la lecture

1. Faites un portrait détaillé d'Elzéard Bouffier. (Voir aussi Méthode p. 27–28.)

2. Relisez le texte p. 16, l. 8 jusqu'à la fin. Comparez le paysage que le narrateur décrit au moment de sa dernière visite à celui de sa première promenade. Décrivez les différences.

3. Après avoir lu le texte, que pensez-vous de l'idée de planter des arbres? Discutez en classe.

4. Relevez les dates mentionnées dans le texte et recherchez les faits historiques.

Pour aller plus loin

1. Lisez la lettre de Jean Giono à la page 29.
    a) Pourquoi est-ce qu'il a écrit le texte «L'homme qui plantait des arbres»?
    b) Lisez le texte sur l'histoire de la forêt en France à la page 32. Résumez le changement de la politique face à la forêt.
    c) Travaillez en groupe. Développez un programme pour une «politique de l'arbre». Vous pouvez créer un poster pour présenter votre programme à la classe.

2. Travaillez en groupe. Choisissez et lisez un des textes des pages 30–31.
   a) 1. Qu'est-ce que l'architecte Stefano Boeri a construit à Milan?
      2. Cherchez des photos de «Bosco Verticale» sur Internet.
      3. Présentez le projet à votre classe.
   b) 1. Qu'est-ce que les groupes «roots & shoots» en Normandie et à Sainte-Maxime ont fait?
      2. Pourquoi le docteur Jane Goodall a créé «roots & shoots? Cherchez des informations et des photos sur Internet.
      3. Présentez le projet à votre classe.
   c) 1. Que font les équipes de collecte dans les écoles?
      2. Que fait l'entreprise TerraCycle? Cherchez des informations et des photos sur Internet.
      3. Présentez le projet à votre classe.
   d) Discutez en classe. Que pensez-vous de ces projets? Est-ce que vous avez d'autres idées pour pouvoir protéger l'environnement?

3. Lisez les extraits du roman «Les Guerriers verts» d'Éric Sanvoisin, p. 33–35.
   a) Répondez aux questions.
      1. Pourquoi est-ce que la famille de Jason a quitté l'appartement de Manchester?
      2. Quelle est la différence entre la vie au village dans les bois et la vie en ville?
      3. Qu'est-ce qui se passe dans le chapitre 4? Quelle est la réaction de Jason? Comment réagit Steve?
      4. Où vont Jason et Steve après la destruction de leur village?
      5. Qu'est-ce que Jason comprend tout à coup?
   b) Expliquez la phrase «Les guerriers verts ne renoncent jamais.» Commentez-là.

4. Lisez l'extrait de l'«Histoire d'un voyage fait en la terre de Brésil» de Jean de Léry, p. 36–37.
   a) Pourquoi est-ce que les Européens cherchent le bois du Brésil?
   b) Expliquez la critique de l'Indien du Brésil.
   c) Recherchez sur Internet des informations concernant la situation de la forêt au Brésil aujourd'hui. Est-ce que la critique de l'Indien est encore actuelle?

5. Lisez l'extrait de «La gloire de mon père» de Marcel Pagnol, p. 38–39.
   a) Expliquez pourquoi le narrateur éprouve de l'amour pour la nature de la Provence.
   b) Examinez de plus près les différentes sensations (visuelles, auditives, olfactives et tactiles) décrites par l'enfant.
   c) Vous pouvez faire un dessin ou un collage de photos pour représenter l'image que vous avez de la Provence après la lecture des textes de Jean Giono et de Marcel Pagnol.

6. Lisez l'extrait de «Les Deux auberges» d'Alphonse Daudet, p. 40–42.
   a) Décrivez la situation des habitants du village et des deux auberges.
   b) Comparez-la à la description des villages dans «L'homme qui plantait des arbres».
   c) Faites un portrait détaillé de la femme.
   d) Elzéard Bouffier et la femme dans l'auberge n'ont plus de famille. Comparez leur caractère et décrivez les différences de leur comportement face à la solitude.

7. Travaillez en groupe. Choisissez un des poèmes, p. 43–44.
   a) Interprétez le poème.
   b) Faites un dessin ou réécrivez le poème en calligramme.

Le passé simple

Das *passé simple* wird fast ausschließlich in der geschriebenen Sprache verwendet, vorrangig in der Literatur. Hier ersetzt es gewissermaßen das *passé composé* im Gegensatz zum *imparfait*.

Meist reicht es aus, die Formen des *passé simple* zu erkennen, vor allem die Formen der 3. Person Singular und Plural:
3.P.Sg.: Endungen auf *-a, -it, -ut*
3.P.Pl.: Endungen auf *-èrent, -irent, -urent*

Verwendung des *passé simple*
Das *passé simple* stellt einen abgeschlossenen Vorgang in der Vergangenheit dar. Es dient der Darstellung einer Reihe aufeinander folgender Ereignisse, die jeweils abgeschlossen sind.

Es steht damit wie das *passé composé* im Gegensatz zum *imparfait*. Dient das *imparfait* der Beschreibung oder drückt einen Zustand oder eine Erklärung aus, bezeichnet das *passé simple* einmalige, plötzlich eintretende, beendete Handlungen und Vorgänge.

Exemple:
C'**était** partout la même sécheresse, les mêmes herbes ligneuses. Il me **sembla** apercevoir dans le lointain une petite silhouette noire, debout. Je la **pris** pour le tronc d'un arbre solitaire. À tout hasard, je me **dirigeai** vers elle. C'**était** un berger. Une trentaine de moutons couchés sur la terre brûlante **se reposaient** près de lui.

Bildung des *passé simple*
Endungen

- der Verben auf *-er*
  -ai, -as, -a, -âmes, -âtes, -èrent
- der Verben auf *-ir* und der meisten Verben auf *-re*
  -is, -is, -it, -îmes, -îtes, -irent
- der Verben auf *-oir* und einiger Verben auf *-re* und *-ir*
  -us, -us, -ut, -ûmes, -ûtes, urent

Verben auf *-er*

trouver

je trouvai	nous trouvâmes
tu trouvas	vous trouvâtes
il/elle/on trouva	ils/elles trouvèrent

ebenso: arriver, s'arrêter, décider, demander, donner, expliquer, fermer, inviter, laisser, marcher, monter, passer, regarder, rester, sembler, *etc.*

⚠ commencer: il/elle commença
ebenso: exercer, prononcer
se diriger: il/elle se dirigea
ebenso: partager

Verben auf *-ir* und die meisten auf *-re*

offrir

j'offris	nous offrîmes
tu offris	vous offrîtes
il/elle/on offrit	ils/elles offrirent

ebenso: dire (il/elle dit), entendre (il/elle entendit), répondre (il/elle répondit), réussir (il/elle réussit), suivre (il/elle suivit), voir (il/elle vit)

Verben auf *-oir*, einige auf *-ir* und *-re*

vouloir

je voulus	nous voulûmes
tu voulus	vous voulûtes
il/elle/on voulut	ils/elles voulurent

ebenso: apercevoir (il/elle aperçut), apparaître (il/elle apparut), courir (il/elle courut), mourir (il/elle mourut), recevoir (il/elle reçut), savoir (il/elle sut)

Unregelmäßige Verben:

aller:	il/elle alla	conduire:	il/elle conduisit
avoir:	il/elle eut	mettre:	il/elle mit
être:	il/elle fut	prendre:	il/elle prit
faire:	il/elle fit	venir:	il/elle vint
falloir:	il fallut		

Méthode

Comment faire le portrait d'un personnage?

Pour faire le portrait d'un personnage, on décrit d'abord son **physique** (= caractérisation directe du personnage).
Mais un personnage n'est pas seulement défini par une description, il faut aussi examiner et analyser ce qu'il **fait** et ce qu'il **dit** ou **pense** (= caractérisation indirecte du personnage).
Au cours de la narration, le personnage **évolue** entre la situation en début et à la fin du texte.
Puis, il est en **interaction** avec d'autres personnages avec lesquels on peut le comparer. En étudiant la relation entre eux, on en apprend encore plus sur le personnage.

Détails du portrait physique:

- la taille
- l'âge
- le teint de sa peau
- la couleur des cheveux/des yeux
- des détails de son visage ou de son corps
- les vêtements, les chaussures, des accessoires

Quelques expressions utiles

- pour décrire le caractère:

Le personnage principal …

- est gentil/aimable/timide/triste/discret/ouvert/silencieux etc.
- … est caractérisé/e / décrit/e comme …
- … est / semble être un peu naïf/naïve.
- … a beaucoup de traits de caractère positifs.
- … a bon/mauvais caractère.
- … a un caractère optimiste/agressif/inoubliable etc.

Quant a son caractère, il / elle est naïf/naïve/dynamique/égoïste etc.
Le trait de caractère dominant est …
Une autre qualité essentielle est …
Un autre aspect de son caractère est …

- pour caractériser le comportement:

Il / Elle a / montre un comportement naturel/agressif etc.
Le comportement / la manière d'agir de ... est / n'est pas ...
Son comportement / Sa façon de parler montre / indique / permet de penser que ...
On pourrait caractériser son comportement comme ...
Il / Elle se comporte / se conduit de façon / de manière ...
Ce qu'il dit / pense / fait permet de penser que ...
Par son comportement / sa manière d'agir, il / elle veut exprimer ...

- pour caractériser l'interaction avec d'autres personnages:

Il / Elle a un comportement compréhensif/ve / ... envers/à l'égard de ...
Il / Elle éprouve de l'amour/de l'aversion/un sentiment de ... pour ...
Il / Elle a / semble avoir beaucoup d'amis / peu de contacts avec son entourage.
Il / Elle a confiance en ...
Il / Elle se fait des illusions sur ...
Il / Elle est incapable de communiquer avec ...
Il / Elle traite ... gentiment/d'une façon impolie.
Sa réaction / sa manière de réagir montre que ...

Documents supplémentaires

Lettre

Lettre de Jean Giono à Monsieur Valdeyron, Conservateur des Eaux et Forêts de Digne, en 1957.

Cher Monsieur,

Navré de vous décevoir, mais Elzéard Bouffier est un personnage inventé. Le but était de faire aimer l'arbre ou plus exactement faire aimer à planter des arbres (ce qui est depuis toujours une de mes idées les plus chères). Or si j'en juge par le résultat, le but a été atteint par ce personnage imaginaire. Le texte que vous avez lu dans *Trees and Life* a été traduit en Danois, Finlandais, Suédois, Norvégien, Anglais, Allemand, Russe, Tchécoslovaque, Hongrois, Espagnol, Italien, Yiddish, Polonais. J'ai donné mes droits gratuitement pour toutes les reproductions. Un américain est venu me voir dernièrement pour me demander l'autorisation de faire tirer ce texte à 100.000 exemplaires pour les répandre gratuitement en Amérique (ce que j'ai bien entendu accepté). L'Université de Zagreb en fait une traduction en yougoslave. C'est un de mes textes dont je suis le plus fier. Il ne me rapporte pas un centime et c'est pourquoi il accomplit ce pour quoi il a été écrit.

J'aimerais vous rencontrer, s'il vous est possible, pour parler précisément de l'utilisation pratique de ce texte. Je crois qu'il est temps qu'on fasse une «politique de l'arbre» bien que le mot politique semble bien mal adapté.

Très cordialement
Jean Giono

[6] **navré,e** désolé **décevoir** enttäuschen [9] **or** mais [15] **tirer** *ici:* imprimer [16] **répandre** distribuer

Une forêt verticale

Bosco verticale

Comme beaucoup de villes européennes, la ville de Milan en Italie manque d'espaces verts.

Un architecte milanais, Stefano Boeri a eu l'idée de construire une forêt verticale, un projet qu'il a appelé «Bosco Verticale». Il s'agit de deux immeubles d'une hauteur de 80 et 112 mètres dont les façades sont recouvertes de centaines d'arbres. Ce qui représente l'équivalent de plus d'un hectare de forêt. Chaque tour a une végétation qui correspond à 10.000 mètres carrés de forêt au sol. Tous ces arbres peuvent ainsi capturer les gaz polluants et les particules fines rejetés surtout par les voitures. Ils produisent en échange de l'oxygène et de l'humidité. Donc l'air devient plus agréable et meilleur pour la santé.

Avec «Bosco Verticale», Stefano Boeri permet de créer des habitations en ville et de lutter contre la pollution atmosphérique.

Des racines et des pousses

roots & shoots

«Chacun de nous compte, chacun de nous a un rôle à jouer, chacun de nous peut changer les choses.», c'est la devise de Jane Goodall.

«Roots and shoots» en anglais est le nom d'un programme éducatif international humanitaire et environnemental pour les jeunes créé en 1991 par le docteur Jane Goodall. Il permet aux enfants et aux adolescents mais également à des groupes d'adultes de réaliser des projets ensemble pour améliorer l'environnement, la protection des animaux et l'aide sociale.

En Normandie par exemple, des enfants de primaire ont installé une «maison» pour les insectes afin de préserver l'équilibre de leur environnement. Des élèves du collège de Sainte-Maxime ont planté un arbousier *(ou arbre aux fraises)* pour aider les papillons «Pacha à deux queues» qui sont menacés de disparition.

▶ Pour en savoir plus: www.rootsandshoots.fr

Le recyclage

TerraCycle

TerraCycle est une entreprise spécialisée dans le recyclage de déchets. Elle a créé des programmes de collecte de déchets parfois difficilement recyclables.

Dans certaines écoles par exemple, des élèves ont formé des équipes de collecte et ont fabriqué des boîtes qu'ils ont déposées dans toutes les classes. Tout le monde peut y mettre des stylos qui n'écrivent plus. Quand les boîtes sont pleines, elles sont envoyées à TerraCycle. Si elles font plus de 7 kg, TerraCycle donne des points. Ils correspondent à une certaine somme d'argent qui est versée à des associations caritatives.

Les stylos eux sont transformés et le plastique qui y est contenu, est recyclé en fines plaques pour faire par exemple des trousses, des portemonnaies ou des sacs.

▶ Pour en savoir plus: www.terracycle.fr

Petite histoire de la forêt en France

La forêt française a longtemps appartenu à tout le monde. On y pratiquait des activités forestières bien sûr, mais également des activités agricoles ou industrielles. Et on ne s'occupait pas de sa protection. Voici quelques aspects de la politique concernant la forêt au cours de l'histoire[1]:

Dès 1346
Proclamation de lois qui protègent les forêts royales, considérées comme une ressource économique importante.
Entre le XVe et le XVIIe siècle
Grande exploitation de la forêt car le bois était utilisé comme matériau et source d'énergie (chauffage, métallurgie, etc.).
À la Révolution
Fin des lois sur les forêts royales, la superficie de la forêt diminue.
À partir de 1827
Nouvelles mesures de protection de la forêt par l'État. De nombreuses forêts sont confiées à l'Administration des Eaux et Forêts.
Durant le Second Empire (1852-1870)
Lancement de grands travaux de reboisement.
Dans la deuxième moitié du XXe siècle
Aides aux communes et aux particuliers pour reboiser des terrains.
En 1966
L'Administration des Eaux et Forêts devient l'Office National des Forêts (ONF).
Dans les années 1980
Prise de conscience du rôle des forêts et de la biodiversité.
À partir des années 1990
Nouvelles pratiques pour favoriser la protection de la biodiversité.

[1] D'après www.developpement-durable.gouv.fr/La-gestion-de-la-foret-en-France.html.

[8] **la proclamation** déclaration, publication **considérer comme** prendre pour [11] **l'exploitation** *f* Ausbeutung [12] **le chauffage** Heizung **la métallurgie** industrie pour la fabrication des métaux [14] **la superficie** Oberfläche **diminuer** devenir plus petit [17] **confier** anvertrauen [19] **le lancement** Start **le reboisement** Wiederaufforstung [26] **la prise de conscience** Bewusstwerdung

Éric Sanvoisin, Les guerriers verts (extraits)

Éric Sanvoisin est né en 1961 à Valence. Il a exercé différents métiers dans le domaine de l'édition et des enfants et est auteur de littérature de jeunesse. Dans le roman «Les guerriers verts», le jeune Jason et sa famille participent à une action pour lutter contre la construction d'une autoroute. Avec d'autres familles, ils s'installent dans des arbres et forment un véritable village.

Chapitre 1

[...] Au début, je n'ai pas compris ce que nous faisions là et pourquoi nous avions abandonné notre confortable appartement de Manchester. Alors mon père m'a donné quelques explications.

– Jason, cette vallée est un endroit magnifique, n'est-ce pas?

– Oui, papa.

– C'est un site naturel où il fait bon respirer et où vivent des milliers d'animaux. Figure-toi que le gouvernement a décidé d'y construire une autoroute. Tous les arbres qui s'élèvent majestueusement ici vont être rasés. C'est pourquoi nous avons décidé de nous battre pour empêcher un tel crime. Les terrassiers n'osent pas abattre les arbres sur lesquels nous logeons, de peur qu'il y ait des blessés. Pour l'instant, nous ne faisons que gagner du temps. Mais le jour où les gens approuveront nombreux notre action, les politiciens seront bien obligés de reculer. As-tu compris, Jason?

[...]

Chapitre 2

[...] – Tu rêves, petit?

J'ai tourné la tête. Je ne connaissais pas cette voix.

Par notre petite fenêtre de fortune, j'ai aperçu la silhouette d'un homme barbu. Il se tenait sur l'arbre le plus proche, que personne n'avait encore choisi. Un nouveau voisin.

15 **se figurer** s'imaginer 18 **le terrassier** ouvrier 20 **approuver** accepter, trouver bon
21 **être obligé,e** gezwungen sein 27 **la fenêtre de fortune** *ici:* improvisiertes Fenster
28 **barbu** bärtig

Je suis sorti pour lui parler. Mes parents étaient descendus au sol pour partir à la pêche aux nouvelles mais ils ne verraient sûrement pas d'un mauvais œil que je parle avec un inconnu. Ici, les règles de prudence étaient différentes. Il y avait une chaleur humaine qui n'existait plus en ville.

– Bonjour, je m'appelle Jason. Vous allez vous installer ici?

Il était en train de constituer un réseau de cordes pour se déplacer sur le frêne en toute sécurité. Pas de clous, juste des nœuds. Nous ne devions causer aucun mal aux arbres.

– Je crois, oui. Le coin est joli, la vue est superbe, les gens du village ont l'air sympathiques. Je ne vois vraiment pas pourquoi je ne me plairais pas ici!

[...]

Chapitre 4

[...] – Viens. Surtout ne pose pas de question.

C'était la voix de Steve. J'ai hésité avant de lui emboîter le pas. Le désordre était indescriptible. Il y avait des gens partout, certains en noir, d'autres en jaune. J'ai aperçu mon père monter de force dans une camionnette de la police. Il s'était battu comme un forcené. Sa tête saignait. La porte du véhicule s'est refermée sur lui.

Ensuite, l'enfer s'est déchaîné sur notre village. Les tronçonneuses sont entrées en action avec des bruits assourdissants de moteurs survoltés. Tout en m'enfuyant, j'ai jeté un regard derrière moi et j'ai vu les chaînes mordre dans les troncs comme des chiens enragés, dressés pour tuer. [...]

–Assassins!

Mon accusation s'est étranglée dans ma gorge. Après, j'ai pleuré. Je ne pouvais plus m'arrêter. J'entendais la voix rassurante de Steve.

3 **voir d'un mauvais œil** ne pas être d'accord **la prudence** Vorsicht 7 **le réseau** Netz 8 **le frêne** Esche **le clou** Nagel **le nœud** Knoten 12 **se plaire** trouver du plaisir 16 **emboîter le pas** suivre de près 19 **le forcené** fou de colère, furieux 20 **saigner** bluten 21 **l'enfer s'est déchaîné** die Hölle ist losgebrochen **la tronçonneuse** Motorsäge 22 **assourdissant,e** ohrenbetäubend **survolté,e** mit erhöhter Stromspannung 23 **s'enfuir** fuir, s'échapper, se sauver 24 **la chaîne** *ici:* Kettensäge **enragé,e** en colère 27 **s'étrangler** ersticken 28 **rassurant,e** beruhigend

– Vas-y, laisse-toi aller. C'est un mauvais moment à passer. Pleure, pleure tout le venin qui est en toi. Demain est un autre jour. Tu verras. [...]

Chapitre 5

Le lendemain, Steve et moi sommes partis sans nous retourner. De notre village, il ne restait plus rien. Les arbres, une fois abattus, avaient été élagués, puis chargés sur des camions géants.

– Où allons-nous?

– À ton avis, Jason?

– Je n'en sais rien. Chercher mes parents et ma sœur?

– Pas du tout. Ils sont grands. Ils reviendront tout seuls dès que la police les aura libérés. Il y a une chose que je ne t'ai pas dite.

– Laquelle, Steve?

J'étais vaseux. J'avais mal au cœur.

– Les guerriers verts ne renoncent jamais.

Il avait raison.

Nous sommes allés un peu plus loin, là où un autre village du ciel résistait à l'envahisseur. Nous y avons été accueillis comme des vainqueurs. Notre mésaventure a fait le tour des arbres. Chaque détail avait son importance. Nos sauveurs voulaient tout savoir de notre infortune pour mieux se préparer à affronter les hommes en jaune.

Alors j'ai compris que nous étions les plus forts, contrairement à ce que j'avais cru. Notre arme était la solidarité. Il n'en existait pas de meilleure. Jamais les tronçonneuses ne pourraient couper ce lien qui nous reliait les uns aux autres.

[...]

2 **le venin** substance toxique, *ici fig:* haîne, tristesse 7 **élaguer** couper **charger** (be)laden 14 **vaseux** *fam* faible, triste et fatigué 18 **l'envahisseur** *m* Belagerer, Eindringling **le vainqueur** Sieger 19 **la mésaventure** ennuis, malchance 20 **le sauveur** Retter 21 **l'infortune** *f* Unglück **affronter** combattre, s'opposer

Jean de Léry, Histoire d'un voyage fait en la terre du Brésil (extrait)

Jean de Léry (1536-1631) était un grand voyageur et écrivain. Dans l'*Histoire d'un voyage fait en la terre du Brésil*, il décrit les expériences qu'il a faites lors d'un séjour au Brésil, particulièrement la vie des Indiens Tupinambas. Dans le chapitre XIII «Des arbres, herbes, racines et fruits exquis que produit la terre du Brésil», il raconte la conversation avec l'un des «sauvages».

Au reste, parce que nos Tupinambas sont fort ébahis de voir les Français et autres des pays lointains prendre tant de peine d'aller quérir leur Arabotan, c'est-à-dire le bois de Brésil, il y eut une fois un vieillard d'entre eux, qui sur cela me fit telle demande: «Que veut dire que vous autres [...] Français et Portugais veniez de si loin quérir du bois pour vous chauffer? N'en y a-t-il point en votre pays?» À quoi lui ayant répondu que oui, et en grande quantité, mais non pas de telles sortes que les leurs, ni même du bois de Brésil, lequel nous ne brûlions pas comme il pensait, mais [...] les nôtres l'emmenaient pour faire de la teinture, il me répliqua soudain: «Voire, mais vous en faut-il tant?» «Oui, lui dis-je, car [...] y ayant tel marchand en notre pays qui a plus de frises et de draps rouges, voire même [...] de couteaux, ciseaux, miroirs et autres marchandises que vous n'avez jamais vues par deçà, un tel seul achètera tout le bois de Brésil dont plusieurs navires s'en retournent chargés de ton pays.» «Ha, ha, dit mon sauvage, tu me contes merveilles.»

9 **ébahi,e** surpris, étonné 10 **quérir** *litt* chercher 14 **ne ... point** ne ... pas 18 **la teinture** Farbe **répliquer** répondre vivement 20 **la frise** bordure ornemental **le drap** Tuch **voire** et même 21 **deçà** *adv* de ce coté-ci 22 **le navire** bateau 23 **chargé,e** beladen 24 **conter merveilles** raconter qc d'étonnant/d'extraordinaire

Puis ayant bien retenu ce que je lui venais de dire, m'interrogeant plus outre dit: «Mais cet homme tant riche dont tu me parles, ne meurt-il point?» «Si [...], lui dis-je, aussi bien que les autres.» Sur quoi [...] il me demanda derechef: «Et quand donc il est mort, à qui est tout le bien qu'il laisse?» «À ses enfants, s'il en a, et à défaut à ses frères, sœurs, ou plus prochains parents.» «Vraiment, [...], à cette heure connais-je que vous autres [...] Français, êtes de grands fols: car vous faut-il tant travailler à passer la mer [...], sur laquelle vous endurez tant de maux, pour amasser des richesses ou à vos enfants ou à ceux qui survivent après vous? La terre qui vous a nourris n'est-elle pas aussi suffisante pour les nourrir? Nous avons (ajouta-t-il) des parents et des enfants, lesquels, comme tu vois, nous aimons et chérissons; mais parce que nous nous assurons qu'après notre mort la terre qui nous a nourris les nourrira, sans nous soucier plus avant, nous nous reposons sur cela.»

[4] **derechef** *vieilli* encore une fois [5] **le bien** Gut, Besitz **à défaut** *loc prép* en l'absence [6] **les parents** *ici:* Verwandte [7] **le fol** *vieilli* fou [8] **endurer des maux** Leiden ertragen [9] **amasser** ansammeln, anhäufen [12] **chérir** *litt* aimer tendrement [13] **s'assurer** sich versichern [14] **se soucier** s'inquiéter

Marcel Pagnol, La gloire de mon père (extrait)

Marcel Pagnol est né en le 28 février 1895 à Aubagne (Bouches-du-Rhône) et mort le 18 avril 1974 à Paris. Il était écrivain de romans et réalisateur de pièces de théâtres et de films. Dans le roman «La gloire de mon père», il décrit les souvenirs de son enfance en Provence.

La bastide neuve

Nous sortîmes du village: alors commença la féerie et je sentis naître un amour qui devait durer toute ma vie.

Un immense paysage en demi-cercle montait devant moi jusqu'au ciel: de noires pinèdes, séparées par des vallons, allaient mourir comme des vagues au pied de trois sommets rocheux.

Autour de nous, des croupes de collines plus basses accompagnaient notre chemin, qui serpentait sur une crête entre deux vallons. Un grand oiseau noir, immobile, marquait le milieu du ciel, et de toutes parts, comme d'une mer de musique, montait la rumeur cuivrée des cigales. Elles étaient pressées de vivre, et savaient que la mort viendrait avec le soir.

Les terrasses de ce Vala étaient couvertes d'oliviers à quatre ou cinq troncs, plantés en rond. Ils se penchaient un peu en arrière pour avoir la place d'épanouir leurs feuillages qui formaient un seul bouquet. Il y avait aussi des amandiers d'un vert tendre, et des abricotiers luisants.

Je ne savais pas les noms de ces arbres, mais je les aimai aussitôt.

Entre eux, la terre était inculte, et couverte d'une herbe jaune et brune dont le paysan nous apprit que c'était de la «baouco». On aurait dit du foin séché, mais c'est là son teint naturel. Au printemps, pour

7 **la bastide neuve** nom de la maison que le père de Marcel Pagnol a louée 8 **la féerie** monde fantastique, *fig* spectacle merveilleux 11 **la pinède** Kiefernwald **le vallon** petite vallée 12 **rocheux,se** felsig 13 **la croupe** sommet peu élevé et rond 14 **serpenter** sich schlängeln **la crête** un sommet aigu 16 **cuivré,e** qui semble produit par des instruments de cuivre *(Kupfer)* 17 **la cigale** Zikade 19 **le Vala** nom d'une vallée en terrasse avec un ruisseau qui coule au fond **l'olivier** *m* Olivenbaum 21 **s'épanouir** s'ouvrir **le bouquet** Strauß 22 **l'amandier** *m* Mandelbaum **l'abricotier** *m* Aprikosenbaum **luisant,e** leuchtend 24 **inculte** qui n'est pas cultivé **l'herbe** *f* Gras 26 **le foin** Heu

participer à l'allégresse générale, elle fait un effort et verdit faiblement. Mais malgré cette pauvre mine, elle est vivace et vigoureuse, comme toutes les plantes qui ne servent à rien.

C'est là que je vis pour la première fois des touffes d'un vert sombre qui émergeaient de cette «baouco» et qui figuraient des oliviers en miniature. Je quittai le chemin, je courus toucher leurs petites feuilles. Un parfum puissant s'éleva comme un nuage, et m'enveloppa tout entier.

C'était une odeur inconnue, une odeur sombre et soutenue, qui s'épanouit dans ma tête et pénétra jusqu'à mon cœur.

C'était le thym, qui pousse au gravier des garrigues: ces quelques plantes étaient descendues à ma rencontre, pour annoncer au petit écolier le parfum futur de Virgile...

[1] **l'allégresse** *f* joie vive, gaieté **verdir** devenir vert [2] **vivace** *ici:* plante qui vit plusieurs années **vigoureux,se** *ici:* qui pousse bien [4] **la touffe** groupe d'herbes [5] **émerger** *ici:* sortir **figurer** représenter [9] **soutenu,e** *ici:* fort [10] **pénétrer** entrer [11] **le thym** Thymian **le gravier** petits cailloux **la garrigue** terrain sec avec de la végétation méditerranéenne [13] **Virgile** poète latin

Alphonse Daudet, Les Deux auberges (extrait)

Alphonse Daudet est né en 1840 à Nîmes et mort en 1897 à Paris. Il était écrivain et dramaturge. Le récit «Les Deux auberges» a été publié pour la première fois dans le journal *Le Figaro* et il a été repris dans le recueil des *Lettres de mon moulin* en 1869.

C'était en revenant de Nîmes, une après-midi de juillet. Il faisait une chaleur accablante. À perte de vue, la route blanche, embrasée, poudroyait entre les jardins d'oliviers et de petits chênes, sous un grand soleil d'argent mat qui remplissait tout le ciel. Pas une tache d'ombre, pas un souffle de vent. Rien que la vibration de l'air chaud et le cri strident des cigales, musique folle, assourdissante, à temps pressés, qui semble la sonorité même de cette immense vibration lumineuse…

Je marchais en plein désert depuis deux heures, quand tout à coup, devant moi, un groupe de maisons blanches se dégagea de la poussière de la route. C'était ce qu'on appelle le relais de Saint-Vincent: cinq ou six *mas,* de longues granges à toiture rouge, un abreuvoir sans eau dans un bouquet de figuiers maigres, et, tout au bout du pays, deux grandes auberges qui se regardent face à face de chaque côté du chemin.

Le voisinage de ces auberges avait quelque chose de saisissant. D'un côté, un grand bâtiment neuf, plein de vie, d'animation, toutes les portes ouvertes, la diligence arrêtée devant, les chevaux fumants qu'on dételait, les voyageurs descendus buvant à la hâte sur la route dans l'ombre courte des murs; la cour encombrée de mulets, de charrettes; des rouliers couchés sous les hangars en attendant *la fraîche*. À l'intérieur des cris, des jurons, des coups de poing sur les tables, le choc des

[7] **accablant,e** lourd et fatiguant, *contr* doux, léger **embrasé,e** *litt* brûlant, très chaud **poudroyer** produire de la poussière [11] **strident** schrill **la cigale** Zikade **assourdissant,e** ohrenbetäubend [14] **se dégager** *ici:* sich hervorheben [15] **le relais** auberge [16] **le mas** ferme ou maison de campagne traditionnelle en Provence **la grange** Scheune **l'abreuvoir** *m* Tränke [17] **le figuier** Feigenbaum [19] **saisissant,e** étonnant, surprenant [20] **l'animation** *f* activité [21] **la diligence** Kutsche **fumant,e** dampfend [22] **dételer** ausspannen [23] **encombré,e** plein de **le mulet** Maulesel **la charrette** Karren [24] **le roulier** *vieilli* transporteur **le hangar** Schuppen **la fraîche** la fraîcheur du soir [25] **le juron** Fluch

verres, le fracas des billards, les bouchons de limonade qui sautaient, et, dominant tout ce tumulte, une voix joyeuse, éclatante, qui chantait à faire trembler les vitres:

La belle Margoton
Tant matin s'est levée,
A pris son broc d'argent,
A l'eau s'en est allée...

... L'auberge d'en face, au contraire, était silencieuse et comme abandonnée. De l'herbe sous le portail, des volets cassés, sur la porte un rameau de petit houx tout rouillé qui pendait comme un vieux panache, les marches du seuil calées avec des pierres de la route... Tout cela si pauvre, si pitoyable, que c'était une charité vraiment de s'arrêter là pour boire un coup.

En entrant, je trouvai une longue salle déserte et morne, que le jour éblouissant de trois grandes fenêtres sans rideaux faisait plus morne et plus déserte encore. Quelques tables boiteuses où traînaient des verres ternis par la poussière, un billard crevé qui tendait ses quatre blouses comme des sébiles, un divan jaune, un vieux comptoir, dormaient là dans une chaleur malsaine et lourde. Et des mouches! des mouches! jamais je n'en avais tant vu: sur le plafond, collées aux vitres, dans les verres, par grappes... Quand j'ouvris la porte, ce fut un bourdonnement, un frémissement d'ailes comme si j'entrais dans une ruche.

Au fond de la salle, dans l'embrasure d'une croisée, il y avait une femme debout contre la vitre, très occupée à regarder dehors. Je l'appelai deux fois: «Hé! l'hôtesse!»

[1] **le fracas** bruit violent [2] **éclatant,e** brillant, remarquable [6] **le broc d'argent** silberner Krug [9] **le volet** Fensterladen [10] **le rameau** petite branche **le houx** Stechpalme **rouillé** verrostet **pendre** hängen [11] **le panache** Federbusch **le seuil** Schwelle **calé,e** stabilisé [12] **pitoyable** bedauernswert **la charité** Wohltätigkeit [14] **morne** sombre, triste [15] **éblouissant,e** brillant, qui rend aveugle [16] **boiteux,se** wacklig **traîner** *ici:* se trouver, rester [17] **terni,e** angelaufen, blind **crevé** kaputt **la blouse** *ici:* trou d'une table de billard [18] **la sébile** Sammelbehälter für Geld **le comptoir** Theke [19] **malsain,e** ungesund [21] **la grappe** Traube **le bourdonnement** bruit des mouches [22] **le frémissement** vibration, mouvement **la ruche** Bienenstock [23] **l'embrasure** *f* ouverture **la croisée** fenêtre

Elle se retourna lentement, et me laissa voir une pauvre figure de paysanne, ridée, crevassée, couleur de terre, encadrée dans de longues barbes de dentelle rousse comme en portent les vieilles de chez nous. Pourtant ce n'était pas une vieille femme; mais les larmes l'avaient toute fanée.

«Qu'est-ce que vous voulez?» me demanda-t-elle en essuyant ses yeux.

«M'asseoir un moment et boire quelque chose...»

Elle me regarda très étonnée, sans bouger de sa place, comme si elle ne comprenait pas.

«Ce n'est donc pas une auberge ici?»

La femme soupira: «Si... c'est une auberge, si vous voulez... Mais pourquoi n'allez-vous pas en face comme les autres? C'est bien plus gai...»

«C'est trop gai pour moi... J'aime mieux rester chez vous.» Et, sans attendre sa réponse, je m'installai devant une table.

Quand elle fut bien sûre que je parlais sérieusement, l'hôtesse se mit à aller et venir d'un air très affairé, ouvrant des tiroirs, remuant des bouteilles, essuyant des verres, dérangeant les mouches... On sentait que ce voyageur à servir était tout un événement. Par moments la malheureuse s'arrêtait, et se prenait la tête comme si elle désespérait d'en venir à bout. Puis elle passait dans la pièce du fond; je l'entendais remuer de grosses clefs, tourmenter des serrures, fouiller dans la huche au pain, souffler, épousseter, laver des assiettes. De temps en temps, un gros soupir, un sanglot mal étouffé... Après un quart d'heure de ce manège, j'eus devant moi une assiettée de *passerilles* (raisins secs), un vieux pain de Beaucaire aussi dur que du grès, et une bouteille de piquette.

«Vous êtes servi», dit l'étrange créature, et elle retourna bien vite prendre sa place devant la fenêtre. [...]

2 **ridé,e** faltig **crevassé,e** rissig 3 **les barbes de dentelle rousse** Spitzenbänder einer Kopfbedeckung 5 **fané,e** verwelkt 16 **essuyer** abwischen 18 **affairé** geschäftig 22 **le fond** partie opposée à l'entrée 23 **remuer** faire bouger **la clef** clé **tourmenter la serrure** *fig* Schloss mit viel Lärm aufschließen **la huche** Kasten 24 **épousseter** enlever la poussière 25 **le soupir** Seufzer **le sanglot** Schluchzen **étouffé** erstickt 26 **le manège** façon / manière de se comporter 27 **le pain de Beaucaire** spécialité de la ville de Beaucaire **le grès** Sandstein **la piquette** vin acide

Robert Desnos (1900–1945),
Il était une feuille

Il était une feuille avec ses lignes –
Ligne de vie
Ligne de chance
Ligne de cœur –
Il était une branche au bout de la feuille –
Ligne fourchue signe de vie
Signe de chance
Signe de cœur –
Il était un arbre au bout de la branche –
Un arbre digne de vie
Digne de chance
Digne de cœur –
Cœur gravé, percé, transpercé,
Un arbre que nul jamais ne vit.
Il était des racines au bout de l'arbre –
Racines digne de vie
Vignes de chance
Vigne de cœur –
Au bout des racines il était la terre –
La terre tout court
La terre toute ronde
La terre toute seule au travers du ciel
La terre.

9 **fourchu,e** verästelt 13 **digne** wert 16 **graver** (ein)gravieren **percer** faire un trou **transpercer** durchbohren 20 **la vigne** Weinstock 25 **au travers de** en passant d'un bout à l'autre

Jean Cocteau (1889-1961),
Pièce de circonstance

Gravez votre nom dans un arbre
Qui poussera jusqu'au nadir.
Un arbre vaut mieux que le marbre,
Car on y voit les noms grandir.

[2] **la circonstance** Gelegenheit [4] **jusqu'au nadir** *ici fig:* à l'infini [5] **le marbre** Marmor

N
S
Grenoble
[73]
ITALIE
Dauphiné
Valence
ISÈRE
[38]
3987 m
Les Ecrins
4103 m
2349 m
Die
[7]
DRÔME
[26]
Drôme
3237 m
HAUTES-ALPES
[5]
Mont Viso
3841 m
Rhône
Montélimar
Gap
Lac de Serre-Ponçon
3409 m
2019 m
Durance
Mont Pelat
3052 m
Vaison
Bléone
1912 m
Mont Ventoux
Sisteron
2818 m
Mont Mounier
Orange
Digne-les-Bains
2323 m
Carpentras
Banon
ALPES-DE-HAUTE-PROVENCE [4]
Comtat Venaissin
[30]
Avignon
Vergons
Provence
Coulon
Castellane
ALPES-MARITIMES
[6]
VAUCLUSE
[84]
Manosque
Verdon
Lac de Ste Croix
Mirabeau
Arles
Salon
Cannes
BOUCHES-DU-RHÔNE
[13]
Aix-en-Provence
Draguignan
Fréjus
VAR
[83]
Martigues
Marseille
Golfe du Lion
Toulon
Mer Méditerranée
0
25
50 km

Biographie

Jean Giono est né à Manosque le 30 mars 1895 dans une famille modeste. Son père est cordonnier et sa mère repasseuse. Il va à l'école à Manosque, mais est obligé de quitter le lycée à 16 ans pour travailler et aider ses parents. Il devient employé de banque. Jean Giono est très intéressé par les livres et lit beaucoup.

En 1914, il est mobilisé et participe entre autres à la bataille de Verdun. Il reste profondément traumatisé par l'horreur de la guerre et devient un pacifiste convaincu. Il reprend son travail à la banque à son retour en 1919. Puis, en 1920, il se marie avec Elise Maurin avec qui il aura deux filles, Aline et Sylvie.

Durant les années vingt, il écrit beaucoup et lorsque son livre *Colline* est publié en 1929 et obtient un grand succès, il abandonne son emploi à la banque pour se consacrer à l'écriture. Très attaché à la Provence et son village natal, il achète la maison du Paraïs à Manosque où il habitera jusqu'à la fin de sa vie.

Pour avoir publié des romans et avoir fait l'objet d'un reportage photographique dans des magazines qui collaboraient au régime de Vichy, Jean Giono est mis en prison en 1944 et interdit de publication. Cinq mois plus tard, il est libéré. Mais déçu et triste, il se retire dans le silence et le travail. Cette période marque un changement dans ses œuvres.

Jusque-là, le thème de la nature y était prédominent comme dans la *Trilogie du Pan* qui comprend *Colline*, *Un de Beaumugnes* et également *Regain* dont Marcel Pagnol en a fait un film en 1937.

Dans ses œuvres tardives, c'est l'Homme qui est au premier plan comme dans *Un roi sans divertissement* (1947) et *Un hussard sur le toit* (1951). Avec le succès de ces livres, Giono est alors réhabilité dans le monde littéraire français. En 1995, le roman *Un hussard sur le toit* est adapté au cinéma par Jean-Paul Rappeneau.

En 1953, sur commande du magazine américain Reader's Digest, il écrit la nouvelle *L'homme qui plantait des arbres* qui est considérée comme un manifeste de l'écologie et devient célèbre dans le monde entier.

Jean Giono est mort en octobre 1970 à Manosque dans sa maison du Paraïs.

Bibliographie

Weiterführende Literatur zu Jean Giono, *L'homme qui plantait des arbres*:

Jean Giono, L'homme qui plantait des arbres – Écrire la nature (anthologie), Paris: Gallimard, 2008

Jean Giono, L'homme qui plantait des arbres, Fiche de lecture, www.lePetitLittéraire.fr, Namur: Primento, 2011

www.alalettre.com/giono-bio.php (Biographie de Jean Giono)

www.centrejeangiono.com (Informationen zu Leben und Werk des Autors; unter Médiathèque > Le coin des jeunes ein Aufruf zur Mitgliedschaft im «Club Elzéard»)

www.cercle-enseignement.com/Primaire/Cycle-III/Fiches-pedagogiques/L-homme-qui-plantait-des-abres (fiche pédagogique des Editions Gallimard)

educalire.fr/L_homme_qui_plantait_des_arbres.php (Linksammlung zu versch. Dossiers pédagogiques)

www.litteratureaudio.com/livres-audio-gratuits-mp3/tag/jean-giono (Zwei Hörbücher zum Anhören und Herunterladen)

Bildnachweis

|akg-images GmbH, Berlin: Jean Dieuzaide 46.1. |fotolia.com, New York: pico 31.2. |Karto-Grafik Heidolph, Dachau: Heidolph, Kottgeisering 20.4. |Kracke, Burkhard, Hannover: 20.1, 20.2, 20.3. |MEV Verlag GmbH, Augsburg: Titel. |Palm, Peter, Berlin: 45.1. |stock.adobe.com, Dublin: athapet 31.1. |TopicMedia Service, Mehring-Öd: 3.1.